Made in the USA
Monee, IL
04 January 2022

87900751R00059